DICTIONNAIRE COMPLET

DE

L'ARGOT

EMPLOYÉ

DANS LES MYSTÈRES DE PARIS

Ouvrage éminemment utile à toute personne honnête puisqu'il divulgue à la société les mots dont
les filoux, voleurs, flôueurs, chevaliers
d'industrie composent leur conversation.

Ouvrage recueilli par M. D.

D'après les renseignements donnés par un ex-
surveillant de la Roquette et un ancien
garde chiourme du bagne de Brest.

Augmenté de la manière dont
La pègre maquille son truqué pour poissencher
les pantres
Les voleurs s'y prennent pour duper les honnêtes
gens.

PARIS

CHEZ TOUS LES LIBRAIRES.

DICTIONNAIRE COMPLET

DE

L'ARGOT

EMPLOYÉ DANS LES

MYSTÈRES DE PARIS.

X

Moulins, imp. de P.-A. Desrosiers.

DICTIONNAIRE COMPLET

DE

L'ARGOT

EMPLOYÉ

DANS LES MYSTÈRES DE PARIS

Ouvrage éminemment utile à toute personne hon
nête puisqu'il divulgue à la société les mots dont
les filoux, voleurs, floueurs, chevaliers
d'industrie composent leur conversation.

Ouvrage recueilli par M. D.

D'après les renseignements donnés par un ex
surveillant de la Roquette et un ancien
garde chiourme du bagne de Brest.

Augmenté de la manière dont

La pègre maquille son truque pour poissencher
les pantres
Les voleurs s'y prennent pour voler les honnêtes
gens.

PARIS

CHEZ TOUS LES LIBRAIRES.

1844

DICTIONNAIRE
D'ARGOT.

DICTIONNAIRE D'ARGOT.

cabarmont	cabaret
les douilles	les cheveux
les douliet	la barbe
la tronche	la tête
la frime	la figure
les chasses	les yeux
le renihard	le nez
la gargue	la bouche
la menteuse	la langue
les aquigeuses	les dents

le colasse	le cou
le souflet	l'estomac
le seignant	le cœur
les guibes	les jambes
les paturons	les pieds
les abattis	les bras
les pognes	les mains
les arpions	les doigts
tapis franc	maison rendez-vous des gens de mauvaise vie
charlot	le boureau
la camarde	la mort
la muette	la conscience
simve	homme de bonne foi
goualeuse	chanteuse

goualer	chanter
cambre	chapeau
plure	redingotte
montant	pantalon
passif	soulier
empaf	botte
tiran	des bas
blavin	mouchoir
gouline	une valise
filoche	une bourse
gueulard	un sac
pognon	de l'argent
talbin	billet de banque
sigue	pièce d'or
des tunes blen- cardes	pièce de monnaie blanche
roue de derière	pièce de cinq fr.

roue de devant	pièce de deux
un point	piè ce d'un
un rond	un sous
un broc	un liard
daron	le père
darone	la mère
frangin	le frère
frangine	la sœur
aminge	un ami
pivasse	un enfant
gosselin	petit garçon
gosseline	petite fille
miston	jeune homme
mistone	demoiselle
bibon	vieux homme
bibasse	vieille femm e
batif	quelque chose de

	tout neuf
d'ocas	id d'hasard
morfiller	manger
picter	boire
fricmart	met quelconque
japhe	soupe
crigne	viande
verdouse	salade
rème	fromage
lart n brutale	pain bis
larton savoné	pain blanc
pivois	du vin
des peteux	des haricots
caudaf	eau-de-vie
de la lance	de l'eau
lansquiner	pleuvoir
du rifle	du feu

rifauder	brûler
lingue	un couteau
vingtdeux	un poignard
des faucheux	des ciseaux
un crachant	un pistolet
masser	travailler
gaille	un cheval
branc	un âne
pelard	du foin
fertille	de la paille
grenouse	de l'avoine
avergot	un œuf
ruouet	un porc
piron	un canard
engache	une oie
piquenter	un poulet
bélant	un mouton

une cornante	une vâche
une boule	une foire
un boulineur	voleur de foire
esganacher	arracher les dents
drogueur	mendiant
drogué	demander
drogueur de bre- telles	mendiant de nais- sance
regusou	un remouleur
grillou	un étameur
roulotte	voiture
panier à salade	voiture dans la- quelle on trans- fère les détenus
la lors	prison de la force
être au col	être en prison
la préfec	dépôt de la pré-

	fecture de police
la centrale	maison centrale de détention
le pré	le bagne
être au dure	être condamné aux travaux forcés
gons	un homme
gonsesse	une femme
gons de c.	une homme com-il faut
gonsesse de c.	une femme id.
engoncé	concubinage
entiflé de c.	mariage légitime
béché	mépriser quel-qu'un

pantre	paysan
pantresse	paysanne
largue	fille prostituée
piaule	maison
lourde	porte
tuileries	les toits
la négresse	la cheminée
la venterne	la fenêtre
le grimpart	l'escalier
quarante	une table
glacis	un verre
louche	une cuillère
piquante	une fourchette
tuile	une assiette
rouliarde	une bouteille
montante	une chaise
pieu	un lit

pioncer	dormir
gamberger	compter
un bogue	une montre
pendilleuse	des boucles d'o-reilles
une bride	une chaîne
broquilles	bague
jonc	de l'or
blencar	de l'argent
du duret	du cuivre
le grand meg des meg	Dieu
le grand meg	un président
jaspiner	causer
jargue	argot
entraver	entendre
rasi	curé

ratichon	prêtre
esbasi	mort
grinchire	voler
poisser	vole
aquiger	battre
lansquiner des chasses	pleurer
avoir tu toup	être hardi
morganer	mordre
escarper	assasiner
escarpe	assassin
faucher	guillotiner
tape	exposition
taroquer	marquer
surbile	sous la surveillance de la haute police
à user le soleil	a vie

2

être gerbé	être condamné
limace	chemise
afur	bénéfice
surbiner	surfaire
fader	partager
mon fad	ma part
se faire lesse	se tromper
poivrier	homme saoûl
bonire	parler
boniment	conversation
débine	dispute
débiner	mépriser
delader	ne pas être heu- reux
chouet	spirituel, joli
lof	bête
mesiere	monsieur
menesse	ma femme

aller au jardin	voleur allant faire un coup
aller au persil	promenade d'une prostituée
carouble	fausse clé
tournante	une clé
fondante	sir à emprunt
fricfrac	casser une porte
cadet	instrument avec lequel on casse une porte
remoucher	faire attention
rembroquer	regarder
satout	baton
baluchon	paquet
chouriner	donner des coups de couteau

grivière	soldat
cogne	gendarme
la rousse	mouchard
la rousse à l'arna-che	mouchard en bour-geois
la rousse a la flanc	agent de police habillé
le condé	le comissaire
granp dicime con-dé	le maire ou le pré-fet
esbigner	se sauver
esbigner en jar-gue	s'en aller d'une endroit sans payer
arguse	argot
reluisant	reverbère
boutanche	boutique

entauder	entrer
la blafarde	la lune
cavaler	courir
maquiller	arranger quelque chose
camoufler	se rendre méconnaissable
radin	tiroir de comptoir où l'on met l'argent
chopin	sac d'argent
être débiné	être salle
ployant	portefeuille
griffon	chat
cabot	chien
solire	vendre
abloquire	acheter

entape	habillement
s'entaper	s'habiller
fourguer	vendre des obj. vol.
fourgue	receleur
faire gasfre	surveiller
chialer	crier
la planche au pin	banc des accusés
un reluis	un jour
un marquet	un mois
une longe	une année
baveux	du savon
tac	un emplatre
pomeluche	pomade
eau de coluche	eau de cologne
camelotte	marchandise
camelot	marchands des rues

être blanc	être connu
drague	médecin
blencarder	blanchir
escracher	chasser
maron	être arrêté avec preuve
maron mâl	pris en flagrand délit
les rembroqueurs	les témoins
servi	être arrêté
servi de belle	être arrêté sans preuve
décaré	sortir de prison
centre	nom
chouette-centre	vrai nom
centre à l'estorguc	faux nom
conoblé	connu

reconoblé	reconnu
maquillé du po-gnon	faire de l'argent
renbiner	remettre à neuf
fiquer	donner
abouler	venir
gambiller	danser
une mené	une douzaine
turbiné	s'occuper
chiné	aller offrir ses marchandises
taude rupine	maison bourgeoise
bécher	faire des cancans
mon orguibus	moi-même
fader	partager
mon fad	ma part

gamberger	compter
flac	boni quelconque
dématé	jeter quelqu'un par terre
raisiné	du sang
nettoyer	donner une roulée
de la bille	des espèces
tréfoin.	tabac
tréfoin rifaudeur	tabac à fumer
bouffarde	une pipe
fauf	tabatière
faire suer un chêne	assassiner un homme
grand trimar	grand' route
jy	oui

niberque	non
nisco	non
taffé	avoir peur
affeur	peureux
être frileux	poltron sans cou-rage
avoir eu froid	ne pas avoir eu le courage d'ache-ver un crime
tmouton	homme de leur société qu'ils supposent y a-voir été mis pour s'associer seulement à la conversation et les dénoncer

ensuite. Dans les prisons, la police y met beaucoup de ces gens qui, ayant l'air d'être détenus, causent avec les prisonniers, et finissent par donner des indices très-précieux à la police qui les transmet ensuite à la justice

mangeur	celui qui, faisant partie d'une bande, dénonce les autres
co queur	celui qui, quoique voleur, en fait arrêter d'autres
être	coqué, être dénoncé
pionville	être en ribotte
pionvilé	s'être enivré
rivancher	coucher avec une demoiselle
des gos	des pous
des sautenses	des puces
des bouffis	des punaises
carcagnot	priso nnier , qui

prête de l'ar-
gent à ses collé-
gues à intérêt.
Avant le sys-
tème péniten-
tiaire, cela exis-
tait dans les
prisons et existe
encore dans les
bagnes. Le car-
cagnot prête 2
sous pour 3, et
en dix ans de
temps, amasse
des sommes
immenses

abouler le pagne	porter à manger à un prisonnier
gnient et bigore	rien du tout
rapliquer	venir souvent
ronfler	réussite complète
affaire filée	coup prémédité depuis long-temps
affaire donnée	vols que l'on exé-cute d'après le consentement et les renseigne-ments de por-tiers ou de do-mestiques. Ces vols n'arrivent que trop fré-quemment

refiler la camelote	passer aux associés ce que l'on vient de voler
pomer la camelote dans le pied	pris, porteur d'objets volés
fargué	rougir
se défarguer	déposer les objets dont on est porteur
arsoner un pantre	s'assurer si un homme est porteur de choses qui vaillent la peine, et qui soient susceptibles d'être volées

gouaper	coucher dehors
sorgue	la nuit
gouapeur	homme sans asile
une bidoche	une ration de viande
mèche	moitié de quelque chose
faf	papier de sûreté
pègre	voleur
propre à mibes	bon à rien
remouchante	une glace
du trèpe	du monde
chialer	crier
crier à la chianlit	au voleur
écornage	couper un carreau
du fondant	du plomb
du coulan	de l'huile.

avoir organe	avoir faim
riflar	parapluie
nettoyante	une brosse
frotin	billard
avoir à la bonne	aimer
avoir le béguin	être malade d'a—
	mour
floumons	un violon
flouant	jeu de hasard
flouer	jouer
brem	des cartes
couvrante	nne casquette
déboutancher	déboutonner
griffarder	écrire
babillard	dupapier
babillarde	une lettre
ligoter	attacher

3

une vergue	une ville
cambriole	une chambre
un villois	un village
tartire	poser culotte
pantin	Paris
un barbotier	un canard
du nagant	du poisson
lempe	drap de lit
un grattou	un rasoir
une assurance	une canne
une dure	une pierre
canard	fausse nouvelle
canardier	crieur public
blanc	connu
rapliquer	arriver
lunanche	des lunettes

rembroqueuse	une lorgnette
être marquant	annoncer de l'aisauce
marquer	avoir l'air riche
noner	cacher
calter	finir
se réchauffer	s'apercevoir
remoucher	regarder
sorgue'	la nuit
être à renaud	être contrarié
renauder	bisquer
balancer	renvoyer
pomeluche	pomade
plomber	sentir mauvais
le matois	le matin
ce matois	ce matin
le tardif	le soir

la sorgue	la nuit
un tiroir	faire un trou dans le volet d'une boutique
rengracier	finis, on regarde
faire le benjamin	substituer une chose à une autre
aller au vague	aller commettre un vol
à la flanc	au hazard
du flanc	donner sa parole
du grand flanc	parole d'honneur
se réchauffer	s'apercevoir
baluchon	paquet

cafemon	café
les endosses	les épaules
débrider	ouvrir
buter	tuer
morganer	mordre
coucher avec le cheval	coucher seul
desbrouf	vivement
à la tête du can	devant tout le monde
balancer	jeter
boule de son	un pain entier.
être gerbé	être condamné
avoir dans le nez	détesté
nazé	avoir en horreur

lago	la
çago	cela
icigo	ici
loffitude	bêtise
foncer	donner
conobler	connaître
reconoblé	reconnu
billé	payé

DIALOGUES
Argot et Français.

DIALOGUES

ARGOT ET FRANÇAIS.

———

Arsone ce pentre, remouche si sa
filoche est chouete, il est marquant,
si tésigue peux le fourliner, je te vais
noner et nous faderons des sigues.

Tâte cet homme, regarde si sa bourse est bonne, si tu peux la lui prendre, je te vas cacher, et nous partagerons des pièces d'or.

Le trep aboule, esbigne-toi et cavale dure.

Le monde vient, sauve-toi et cours vite.

Calte, le pentre se réchauffe.

Finis, le paysan s'en aperçoit.

Remouche donc la bride de cette gonsesse, c'est du jonc.

Regarde donc la chaine de cette femme, c'est de l'or.

Elle doit avoir un bogue remouche la tournante.

Elle doit avoir une montre, regarde la clé.

Cette sorgue j'ai aquigé ma me-nesse.

Cette nuit j'ai battu ma femme.

Ce qui me met à renaud, c'est d'être entiflé de C.

Ce qui m'embête, c'est d'être marié légitimement.

Mesigue je ne suis qu'engoncé.

Moi je vis en concubinage.

Quand mesigue ne l'aura plus à la bonne, je la balance.

Quand moi je n'en voudrai plus, je la renvoie.

J'ai le béguin pour une mistone de C.

J'aime d'amour une demoiselle comme il faut.

Raplique à la vanterne, rembroque qu'esqu'aboule.

Va à la fenêtre, regarde qu'est-ce qui vient.

Veux-tu morfiller de la japhe.

Veux-tu manger de la soupe.

Nous irons sur le grand trimar escarper un gons.

Nous irons sur la grande route as-
sassiner un homme.

J'ai abloqui des empafs une roue
de derrière.

J'ai acheté des bottes 5 fr.

Mon gons est au col.

Mon homme est en prison.

Rifondons don nous ce satou lago.

Brûlons-nous ce bois-là.

Le premier qui boni une loffitude,
je l'aquige.

Le prem:er qui dit une bêtise, je le bats.

Aboule icigo.

Viens ici.

Niberque je ne veux pas m'aquiger avec tesigue.

Non je ne veux pas me battre avec toi.

Je lensquine des chasses, ma fran-gine est esbasis.

Je pleure, ma sœur est morte.

Ma darone m'a renaudé, je n'irai plus à la piaule.

Ma mère m'a grondé, je n'irai plus
à la maison.

J'ai floué au brême, et j'ai paumé
du pognon.

J'ai joué aux cartes, et j'ai perdu de
l'argent.

Gamberge la gouline et fonce-moi
mon fade.

Compte ce qu'il y a dans la valise,
et donne-moi ma part.

J'ai poissé la fauf d'un drague, c'est
du blencar.

J'ai volé la tabatière d'un médecin,
c'est de l'argent.

Conobles-tu un fourgue qui bille bien.

Connais-tu un receleur qui achète un bon prix.

Calte, la rousse à l'arnache rapli-que.

Prends garde, les agents de police en bourgeois viennent.

Bille à picter aux grivées, quand ils seront pionvilles, nous esbignerons.

Pàye à boire aux soldats, quand ils seront saouls, nous nous sauverons.

Si on ne te conoble pas, boni un centre à lestorgues.

Si on ne te reconnaît pas, dis u^n nom comme il viendra.

Bacle la lourde et au pieu.

Ferme la porte et au lit.

Pictenchons-nous pour deux ronds d'eau d'af.

Buvons-nous pour deux sous d'eau-de-vie.

Niberque j'ai le soufflet aquigé.

Non j'ai mal à l'estomac.

J'aime mieux poisser que de dro-guer.

J'aime mieux voler que de demander.

Je suis pomé maron male.
Je suis pris flagrant délit.

J'ai escarpé un cogne pour m'esbi-
gner.
J'ai tué un gendarme pour me sau-
ver.

En descendant de la roulotte, il
faudra suriner ce pentre.
En descendant de voiture, nous
donnerons des coups de couteau à cet
homme là.

Niberque je ne veux pas être fauché.

Non je ne veux pas être guillotiné.

Vas donc frileux propre à mibe.

Vas donc peureux, propre à rien.

Tu as le taf de Charlot:

Tu as peur du bourreau.

Fonce-moi 2 ronds et méche pour du tréfoin rifandeur et une boufarde.

Donne-moi deux sous et demi pour avoir du tabac à fumer et une pipe.

J'ai organe, allons-nous morfiller.

J'ai faim, allons-nous manger.

Mon gons est au jardin.

Mon homme est allé faire un coup.

Ma menesse est au persil.

Ma femme est en promenade.

Morfillons-nous un piquentère ou un engache.

Mangeons-nous un poulet ou une oie.

Maquille tes douilles et tes douillettes.

Arrange tes cheveux et ta barbe.

Fonce-moi une limasse et des tirans.

Donne-moi une chemise et des bas.

T'as beau bécher, je rengracie, j'ai de la muette.

Tu as beau me mépriser, je ne volerai plus, j'ai de la conscience.

Il y a trois reluis, j'ai fait suer un chêne.

Il y a trois jours, j'ai tué un homme.

Gouale devant ces pentres, ils te fonceront des pognons.

Chante devant ces paysans, ils te donneront de l'argent.

Sais tu maquiller les caroubles.

Sais-tu faire les fausses clés.

Esbigne en jargue d'icigo.

Va-t-en sans payer d'ici.

Fais foncer du pelard et de la grc-
nouze au gaille.

Fais donner du foin et de l'avoine
au cheval.

Ta menesse est bien entapée.

Ta feme est bien mise.

Tu n'as pas de pafs aux paturons.

Tu n'as pas de souliers aux pieds

Et tésigue pas de montant au prose.

Et toi pas de pantalon au derrière.

Je mè suis rifaudé les pognes.

Je me suis brûlé les mains.

Le cabe est cause que nous sommes
servis marons.

Le chien est cause que nous sommes
arrêtés avec preuve.

Mon pivas a deux aquigeuses.

Mon enfant a deux dents.

Aboule icigo ou je t'aquige.

Viens ici ou je te bats.

Viens-tu au vague avec mesigue.

Vieus-tu voler avec moi.

Il n'y avait que niberque, j'ai renaudé.

Il n'y avait rien, j'ai été en colère.

Rengracié, le pentre rembroque.

Finis, l'individu nous regarde.

Un tel est maron male, sur un
écornage.

Un tel est pris en flagrant délit à cou-
per un carreau.

Refile-moi la camelotte.

Passe-moi ce que tu viens de voler.

Faut escarper les coqueures.

Faut tuer ceux qui nous dénoncent.

Remouche ce pentre, il pionce, four-
line-lui son ployant.

Regarde cet homme, il dort, prends
donc son portefeuille.

Il y a peut être des talbins.

Il y a peut-être des billets de ban-
que.

J'ai maquillé un tiroir à une bou-
tanche cette sorgue.

J'ai fait un trou à un volet cette
nuit.

Quand le pentre t'a rembroqué, tu as fargué.

Quand l'homme t'a regardé, tu as rougi.

Remouche la cambriole où va pioncer ce gniaire lago.

Regarde la chambre où va coucher cet homme-là.

J'ai un rossignol qui est chouette, il débride toutes les lourdes.

J'ai une fausse clé qui est bonne, elle ouvre toutes les portes.

Niberque il y a un cabot qui chïalerait.

Non pas, il y a un chien qui averti-
rait.

Flouons au frotin ou au brême.

Jouons au billard ou aux cartes.

Si je paume, j'ai pas de poignon.

Si je perds, je n'ai pas d'argent.

Ta bille est toute gembergée.

Ton argent est tout compté.

N'aboule pas, je te bute.

Ne viens pas, je te tue.

Je ne rigole plus avec ftésigue, tu morganes.

Je ne ris plus avec toi, tu mors.

Ma menesse m'a fait pioncer avec le cheval.

Ma femme m'a fait coucher seule.

Aboule au vague, voilà le tardif.

Viens voler, voilà le soir.

Pour l'étalage, c'est la plombe.

Pour ce qu'il y a à la porte des bou-tiques, c'est l'heure.

Attends que le pentre soit rentandé.

Attends que l'homme soit rentré.

Vas-y desbrouf à la tête du can, je te none.

Vas-y hardiment devant tout le monde, je te cache.

Balance la camelotte, ou tu es maron.

Laisse tomber l'objet par terre, ou tu es pris.

Balance du tréfoin dans les chasses du cogne et cavale dur.

Jette du tabac dans les yeux du gendarme et cours vite.

Je solis du baveu, y a de l'asfure.

Je vends du savon à détacher, y a du bénéfice.

Tu n'auras pas ton fade, tu es trop frileux , tésigue a manqué de faire servir mésigue.

Tu n'auras pas ta part, tu es trop peureux, tu as manqué de me faire arrêter.

J'ai été escraché de la piaule.

J'ai été renvoyé de la maison.

Le miston est chouette, mais sa da-rone ne vaut que mibe.

Le jeune homme est bon enfant, mais sa mère ne vaut rien.

Jean est gerbé à 7 longes de dur et surbine à user le soleil.

Jean est condamné à 7 années de travaux forcés et surveillance de la haute police à vie.

J'ai grinchi 32 bogues en jonc à l'écornage.

J'ai volé 32 montres en or par l'ouverture d'un carreau.

J'ai eu pour mon fade 1,503 balles, 18 ronds et méche.

J'ai eu pour ma part 1,505 fr. 92 c. et demi.

Ma ménesse a reçue un coup de pateron dans le prose sa lui a aquigé.

Ma femme a recue un coup de pied dans le derrière sa lui a fait mal.

Rembroque ce bibon comme il remouche cette mistonne

Regarde ce vieux comme il regarde cette femme

NOMENCLATURE ET EXPLICATION

DES VOLS

DONT CHAQUE JOUR TOUT LE MONDE EST VICTIME, PRINCIPALEMENT LES COMMERÇANTS.

5

NOMENCLATURE ET EXPLICATION

DES VOLS

DONT CHAQUE JOUR TOUT LE MONDE EST VICTIME,

PRINCIPALEMENT

LES COMMERÇANTS.

LE VOL A L'ÉCORNAGE.

Ce genre de vol se fait assez souvent par des gamins. Voilà comment se fait le vol à l'écornage : ils s'approchent de votre magasin et mettent entre le bois et le carreau la pointe d'un couteau, en pesant dessus légèrement, ils obtiennent sans bruit une petite fente, et

ensuite en posant l'ongle du pouce
dessus la félure, et pesant un peu, ils
font filer la fente par tous les zig zag
qu'ils ont besoin d'obtenir ; en faisant
une seconde fente au même carreau,
ils en obtiennent qui se rejoi-
gnent (ce genre de vol s'effectue souvent chez les marchands de nouveau-
tés); ils poussent légèrement en dedans,
le morceau tombe sans bruit sur une
pièce d'étoffe, ils se sont pratiqué
une ouverture, et dévalisent ainsi la
montre d'un honnête commerçant. Si
le coup manque, avant que le maître
de la maison soit sorti, ils sont déjà
loin. Aussi vive la mode de Paris, le
soir des grillages en fer.

LE SAUT A LA MÉCANIQUE.

Lorsque vous êtes dans un endroit sombre et désert, un homme vient doucement derrière ou à côté de vous, vous jette un mouchoir autour du cou et vous enlève sur ses épaules ; pendant qu'il vous tient ainsi, un autre dévalise vos poches. Vous ne pouvez crier ni vous défendre, lorsqu'ils ont

fini, ils vous laissent sur la place moitié sans connaissance par la strangu-
lation.

Lorsque nous faisons route à pied,
ayons toujours un chien.

LE VOL AU RENDEZ-MOI.

Voici de quelle manière ce genre de vol s'effectue : un individu se présente chez un débitant ; tel que épicier, marchand de vins, débitant d'eau-de-vie, boulanger, charcutier, il achète quelque chose et paie avec une pièce de cinq francs ; immédiatement après, un autre individu, son compère, vient

acheter quelque chose aussi, il choisit
le moment qu'il y ait beaucoup de
monde à servir, et ne se presse jamais
de l'être ; cependant on lui délivre ce
qu'il demande, et il dit au marchand :
rendez-moi sur la pièce de cinq francs
que je viens de vous donner. Le marchand dit n'avoir rien reçu, le voleur
s'obstine et prend même la première
personne venue à témoin, qui bien sûr
dit n'avoir rien vu, alors il semble
douter de lui-même, et dit, au surplus,
je n'avais que cinq pièces de cinq fr.
sur moi, ainsi nous allons voir : ce
disant, il vide sa poche et en extrait
quatre pièces de cinq francs, et dit
vous voyez ; puis il regarde ces pièces

et dit au marchand : tenez, pour mieux
vous persuader, je me rappelle que la
pièce qui me manque était de 1828 et
avait une barre en travers du cou de
Charles X, regardez dans votre comptoir, si vous ne trouvez pas cette pièce,
je déclare avoir perdu. Le marchand,
avec l'assurance qu'elle ne peut y être,
regarde , et, à son grand désapointement, la trouve, il est obligé de rendre
la monnaie. Le flibustier a toujours
soin de prendre au plus pour 10 ou 20
centimes. Voilà comment s'exécute le
rendez-moi.

SOLICEURE A LA POGNE.

Les soliceures à la pogne sont des marchands qui s'habillent en marins ou en soldats , qui n'ont jamais avec eux qu'une très-petite quantité de marchandises. Habituellement les articles qu'ils tiennent sont les rasoirs à deux lames, des couteaux , des montres en or , des madras, des mouchoirs de ba-

tiste et des coupons de toiles , des
services damassés. Les rasoirs sont en
fer , les montres en chrisocale ; les
madras, mouchoirs, coupons de toiles
et service damassé, le tout est en coton
apprêté , ils s'annoncent chez vous ,
comme rentrant dans leurs foyers , et
ayant passé en contrebande l'objet
qu'ils vous offrent , destiné à faire un
cadeau à leurs parents , mais ils ont
encore loin pour arriver dans leur
pays, ils n'ont plus d'argent, et le besoin est la seule cause qu'ils s'en dé-
font, ils n'en connaissent pas le prix ;
quoiqu'il en soit , ils ne manquent pas
de vous faire l'objet quatre fois plus que
cela ne vaudrait en bonne qualité , et

n'importe quel prix vous en offrirez ;
ils vous le laissent; ils gagnent encore
moitié.

LES CAREURES EN GARGUES.

Les careurs en gargues sont du genre
fashionable , ils portent toujours des
besicles, ont l'air myope, entrent chez
un bijoutier, ont un bijou de prix dont
la pierre est égarée, ils veulent la rem-
placer. Le bijoutier s'empresse de leur
en montrer de différentes espèces , et
les prétendus myopes s'approchent de
très-près de la carte où se trouve

déposés brillants et perles fines, et
avec leurs langues, attirent subtile-
ment dans leurs bouches plusieurs
perles et diamants. ces voleurs sont
rarement pris, et gagnent beaucoup.

LE VOL A LA MARQUE.

Voilà un vol très-adroitement fait qui s'exécuta il y a quelques mois chez un bijoutier de la rue Saint-Honoré. Un individu, richement vêtu , se présenta chez lui , et demanda à voir quelques tabatières en or , il fut dans l'indécis de savoir laquelle il choisirait dans la crainte qu'elle ne convînt pas à son épouse, et dit : c'est une surprise que je lui ménage. Demain matin mon do-mestique viendra vous avertir, et vous viendrez avec lui chez moi , vous ap_

porterez celles qui sont émaillées ,
c'est celles qui seront le plus à son
goût ; le bijoutier le reconduit avec
force compliments. Et en effet, le len
demain , à huit heures du matin , un
domestique à livrée élégante se présente et dit : Monsieur , veuillez
m'accompagner chez M****.. L'honnête
commerçant s'empresse de suivre ce
jokei , qui lui dit : nous allons rue
Lafitte , 12. Quelques instants après ,
il se rappelle avoir oublié une com-
mission que Madame lui a donné , et
qui va lui faire avoir de grands désa-
gréments , c'est à deux pas , il engage
le bijoutier à continuer jusqu'à l'hôtel,
ce que celui-là fait. Notre prétendu

domestique arrive tout essoufflé chez le bijoutier et demande que l'on lui remette les boîtes marquées IIKV et XXIXV , etc., etc., il en obtient six ; le bijoutier vient de sortir un instant auparavant avec ce domesti-que, il demande avec des renseigne-ments trop positifs pour que l'on conçoive l'ombre du doute, l'on remet les objets au faux domestique. Au bout de quelques instants , le malheu-reux bijoutier revient chez lui tout désappointé de ne pas avoir trouvé à l'adresse indiquée ce qu'il cherchait , et il l'est bien plus, quand i app rend la manière dont il est floué.

6

LE VOL AU CONOBLEMENT.

Un individu porte chez un horloger
une montre à arranger , et ne manque
pas en même temps de saisir l'un des
noms sur certaines montres en répa-
ration , et sachant le nom, il le donne
à un de ses complices , qui vient avec
hardiesse chez le bijoutier : voulez-
vous me remettre la montre de M.....?
le bijoutier n'hésite nullement , la
donne; et le voleur s'en va.

LE VOL AU POIVRIER.

Ce sont ceux qui, les dimanche et lundi soir, rodent les barrières et les boulevarts extérieurs, où ils ne manquent pas de trouver des hommes ivres, ils les dévalisent.

LE VOL A L'ATTRAPAGE.

Le vol à l'attrapage se fait ainsi :
un individu vous cherche dispute,
vous vous battez, d'autres de ces
affidés viennent pour vous séparer.
Bousculé d'un côté et d'un autre,
il vous dévalise sans que vous vous
en doutiez.

LE VOL A LA FOURLINE.

Les fourlineurs sont ceux qui vont dans les réunions, dans les assemblées et vous volent dans vos poches ce qu'ils peuvent y fourliner. Le four-lineur a toujours avec lui deux ou trois acolytes qui s'appellent ses nones (il le none veut dire, il le cache), il s'ar-range de manière à ce qu'il ne soit pas vu, car le fourlineur a plus à craindre des autres que de vous-même qu'il vole.

LE VOL A LA RAMASTIQUE

Souvent ils sont habillés et portent le mannequin comme les chiffoniers, ils affectent devant quelqu'un de trouver, dé ramasser un objet quelconque, soit une bague, soit une cuillère à café, ils ont toujours soin de le ramasser de manière à ce que vous le remarquiez, il vous offre de vous le vendre ; dans l'idée de faire un bon marché, vous ne manquez pas d'en offrir un prix ; le ramastiqueur vous le laisse toujours, la bague est en argeut doré et la cuillère en maillechiort.

LE VOL A L'ÉTALAGE.

Ce sont ceux qui agrippent tout ce qu'ils trouvent à la porte des magasins, ils sont presque toujours en blouse, les mains dans leurs poches et par-dessous leur blouse, ils empoignent tout ce qu'ils trouvent.

LE VOL AU RACOLAGE.

C'est celui qui vous arrête dans la
rue et vous offre une reconnaissance
du mont de piété à acheter, c'est,
dit-il, celle de sa montre qu'il a mis
là, faute d'ouvrage, et que le besoin
de s'en retourner à son pays le force
à vendre la reconnaissance à son grand
regret, une si bonne montre qui venait
de son père, la montre n'est engagée

que pour 6 francs , il n'a pas voulu
plus, croyant avoir plus de facilité à la
retirer, mais l'on lui en a offert 18 fr.
il n'a jamais que la petite reconnaissance, car la grande porte l'estimation.
Encore les gens de province à qui il
s'adresse ne connaissent pas le train-
train du mont de piété , ils y seraient
pris de même. Enfin il vous offre la
reconnaissance en pleurant de se détacher d'une aussi bonne montre , il
vous la laisse pour 10 francs , et 6 du
prêt, çà fait 16, la montre en vaut 30,
elle n'en vaut pas 6 , car les commis-
sionnaires au mont de piété forcent
toujours le prêt.

LE VOL A LA CHARITÉ

Le vol à la charité s'exécute en faisant l'aumône. Voici comment : un individu bien mis, entre chez un bijoutier, demande à voir des bijoux, et en les regardant, il tâche, sans que le bijoutier s'en aperçoive, de laisser tomber un bijou par terre; s'il le voit, c'est par mégarde, s'il ne le

voit pas , un instant après le bijou
tombé , un mendiant vient demander
la charité , et le voleur lui tend une
pièce de monnaie , elle lui échappe
des mains ; le mendiant la ramasse ,
et en méme temps le bijou. Si le
joaillier s'aperçoit du déficit et le ma-
nifeste à celui qui , après l'avoir
amusé longtemps , s'en va sans rien
acheter; impunément il lui offre de le
fouiller , il est bien sûr que l'on ne
trouvera rien sur lu.

LA BOITERNIÈRE.

Les boiternières sont porteuses d'une boîte très-bien garnie de bijoux tousplus beaux les uns que les autres. Chaque objet est coté suivant la valeur que la boiternière veut lui donner; au milieu , habituellement , il y a une montre cotée 350 francs ; ce jeu se joue ainsi : elles ont un cornet en cuir, dans lequel elles roulent plusieurs dez que l'on jette au hazard ; la boiternière, pour vous exciter à jouer , vous fait jouer un coup pour rien , alors vous gagnez, car les dès sont préparés pour réussir , mais lorsque vous jouez pour tout de bon , elle substitue aux dès avec lesquels vous avez joué des dès pipés en sens contraire , et si la boiternière vous laisse gagner, ce n'est qu'une amorce pour mieux vous flouer.

Messieurs, méfiez-vous, la boiternière, si elle n'est pas toujours jolie , a tout au moins une toilette très-attrayante, un air agaçant et comprenant fort bien la gaudriole, mais ces plaisanteries se tournent toujours aux dépens des mesières (des messieurs).

LES RIFAUDEURS.

Les rifaudeurs sont une secte bien à craindre, ils s'affublent en mendiants, vont demander l'hospitalité, et dans la nuit, jettent des boulettes incendiaires, s'esbignent et s'en vont.

FAIRE LE GREC.

Ce sont de ces filous qui rodent les cafés à deux, et qui, sans avoir l'air de se connaître, se connaissent fort bien, l'un d'eux vous lie conversation et finit toujours par vous offrir une partie de cartes ; son collègue se place derrière vous, à certain signe, soit en portant la main au chapeau, soit aux yeux, soit au nez, enfin à des signes

7

convenus entr'eux , votre adversaire connaît tout votre jeu , son collègue qui fait le Grec le lui dit.

Ne souffrez jamais personne derrière vous quand vous jouez.

LE VOL AU BONJOUR.

Ce genre de vol s'exploite le matin de bonne heure. Le bonjourier met la main sur tout ce qu'il trouve, gare aux voisines qui vont les unes chez les autres et laissent la porte entr'ouverte; il faut peu de temps au bonjourier pour travailler.

LE VOL A L'ESCARPE.

Sont ceux qui rôdent la nuit, assas-
sinent le monde, les jettent à l'eau,
ceci me rappelle un tour assez plaisant
fait par M.***, commissaire de police.
Une nuit, à 3 heures du matin, une
fruitière descendait du côté du marché
des Innoçents, elle suivait le long
du canal et entendit comme une masse

tomber dans l'eau; elle entendit se débattre et ne douta plus de l'affreuse vérité, c'était un homme que l'on venait de jeter à l'eau; elle ne dit rien et se cacha derrière un tas de pierres, elle entendit le dialogue suivant entre deux escarpes : pour 16 ronds, ça ne valait pas la peine de nettoyer un gons, peut-être, répondit l'autre, et 15 balles demain quand nous le retirerons, ils s'en allèrent. Plus morte que vive, la fruitière sortit de sa cachette et alla faire sa déclaration chez le commissaire du quartier.

En effet, le lendemain deux hommes se présentent chez M.*** pour recevoir la récompense accordée par la loi à ceux qui retirent un cadavre de l'eau. Sur leur réclamation, le commissaire leur compta leur argent, c'est-à-dire 14 fr. 20 c., ce n'est pas le compte, dit l'un, si, répondit avec sangfroid l'intelligent commissaire, avec les 16 ronds que vous lui avez pris hier avant de le balancer dans la grande tasse, les deux escarpes se trouvèrent décontenancés, et le commissaire, profitant de son influence, obtint l'aveu du crime qu'avaient commis les deux escarpes.

LE VOL A LA CLAVETTE.

Le vol à la clavette s'exécute par le trou qui se trouve pratiqué à la devanture des boutiques pour l'introduction des boulons qui servent à la fermer, si vous ne mettez que le boulon et non la clavette qui sert à le retenir, les voleurs le retirent et introduisent par le

trou un fil de fer crochu, et parvien-
nent à attirer à eux soit un bout de
dentelle, ou le coin d'un foulard ; une
fois qu'ils en tiennent un petit bout, le
reste est bientôt à eux.

LE VOL AU RADIN.

Le vol au radin se trouve effectué
par de petits garçons, sous les ordres
de grands bandits. L'hiver est très
favorable à ce genre de vol, ils profi-
tent de 4 à 5 heures de l'après midi,
c'est l'heure habituelle où les commer-
çants sont dans l'arrière boutique à
dîner, ils s'introduisent à quatre pattes

et se glissent dans toutes les sinuosités ombrées où la lumière darde le moins; ils arrivent enfin au comptoir et se blotissent dessous; quelquefois même une pratique entre, et vous la servez, le petit voleur touche presque vos pieds, et vous ne vous en apercevez pas; il profite du moment le plus favorable, et s'enfuit avec votre radin, (le tiroir de votre comptoir), si le tiroir, à son grand désapointement, est fermé, il empoigne ce qu'il trouve.

LE VOL A LE VENTERNE.

Le vol à la venterne est également
exécuté par des enfants. L'été souvent
on laisse ses fenêtres ouvertes le soir,
quelquefois même l'on se couche ainsi,
rien n'est plus dangereux pour les personnes qui habitent rez-de-chaussée et
premier, de grands hommes ont avec
eux des gamins qu'ils enlèvent par les
pieds à bout de bras, du moment où

ils peuvent atrapper le dernier bar-
reau, ils sont bientôt chez vous ; quelquefois même, quand c'est trop haut,
ils ont une corde au bout de laquelle
se trouve un crampon, ils le lancent, et
grimpent à la croisée le long de cette
corde. Ce genre d'industrie s'appelle
marcher à la venterne.

LE VOL AU BENJAMIN.

S'effectue habituellement par des marchands de mouchoirs : ils n'ont plus que ces six, ils les sortent de leur blouse, car ils n'ont pas, vous disent-ils, de patentes, le commissaire a voulu leur en faire prendre une, mais ils n'ont pas le moyen, aussi vendent-ils en cachette. Voyons, madame, mes six

derniers pour tel prix, vous les regardez et vous offrez le vôtre, ils les re-
ploient, cela est impossible, les re-
mettent sous leur blouse et vous
disent : eh bien! Madame, décidément
voulez-vous mettre tant, non, ils vous
les donnent, mais ils ont changé le
paquet qu'ils vous donnent, il n'y en
a plus que quatre ou six, mais un tiers
plus petit. Cette substitution s'appelle
faire le benjamin.

VOL A LA ROULOTTE.

Les roulotiers sont des gens qui
sont à la piste des voitures de roulage
et des diligences, des voitures de blan-
chisseuses. La nuit, sur la route, ils
coupent les baches de vos voitures et
attrapent ce qu'ils peuvent. Quelquefois un roulier traîne pendant une

heure son voleur sans s'en apercevoir.
Les camioneurs aussi à Paris sont bien
susceptibles d'être victimes des roulotiers ; aussi ayez des chiens sous vos
voitures, et au premier avertissement,
regardez.

LE VOL AU CAFEMON.

Le vol au cafemon s'exécute ainsi :
un individu vient au café, commande
12 demi-tasses qu'il faut apporter la
maison à côté, l'individu attend le
garçon dans l'escalier, lorsque celui-ci
arrive, il lui dit : combien apportez-
vous de demi-tasses, 12, dit le garçon,
mais je vous en ai demandé 14, don-

nez-moi cela et courez en chercher
deux autres, le crédule garçon y va, et
en revenant, trouve dans l'escalier sa
corbeille garnie de tout comme avant,
seulement il trouve 12 petites cuillêres
de moins, il a beau demander à tout
le monde M. Charles, un grand blond,
ou un petit brun, qui doit demeurer
au troisième la porte à gauche, personne ne le connaît.

LE VOLEUR AU DIGUE DIGUE,

Il entre une dame bien mise dans un magasin, qui y fait des emplettes magnifiques, elle a presque terminé ses achats, d'autres, ses complices, arrivent, le magasin se trouve de suite garni d'acheteurs et acheteuses, tout-à-coup cette dame tombe des attaques de nerfs, cela s'appelle tomber du

digue digue ; tout le monde quitte son
rayon pour la secourir, elle demande
de l'éther, l'on courre en chercher,
et pendant cc temps les autres tra-
vaillent (les autres vous volent); enfin
elle va mieux, mais veux prendre l'air
un peu , elle sort , et vous ne la re-
voyez plus.

LE VOL AU CAROUBLE.

Le vol au carouble, ou vol à l'aide
de fausses clés, s'exécute presque toujours d'après le consentement de personnes qui vous sont attachées par
domesticité ou par d'autres qui y sont
reçues souvent. Ce sont ceux desquels
vous vous méfiez le moins qui donnent
aux caroubleurs l'empreinte de votre

clé, et d'après l'empreinte prise sur la cire, ils en font une pareille. Alors l'on convient du jour et de l'heure où le vol doit s'effectuer, et ceux à qui vous contez votre mésaventure ont souvent partagé dans le vol.

Méfiez-vous surtout de laisser la clé de votre chambre en dehors sur la porte, car les caroubleurs montent dans les maisons et tirent doucement votre clé, et la posant sur toute face sur de la cire amodelée, rien n'est plus facile d'en faire une pareille; si un léger bruit vous donne l'éveil, vous les trouvez à votre porte, ils vous demandent très gracieusement après M. ou Mme un tel.

LE VOL AL COMMIS.

Un individu vient dans un magasin
et demande à voir ce que l'on a de
plus beau en cachemire, il en achète,
un et dit que l'on le lui envoie immédiatement, le patron de la maison remet le cachemire à son commis, ainsi
que la facture, le commis accompagne

le Monsieur qui le conduit dans une des belles rues de la Chaussée d'Antin, et lui dit, au moment où il frappe à la porte d'un magnifique hôtel, remettez-le moi, que j'aie le plaisir de le présenter en entrant, ce que le commis fait sans difficulté; la porte s'ouvre, il fait entrer le commis le premier, et la referme avec vîtesse; le temps que le portier ait dit : qui demandez-vous, et qu'il n'ait tiré le cordon, le voleur est loin.

LE ROSSIGNOLEUR A LA FLANC.

Le rossignoleur est celui qui porte avec lui une quantité de crochets semblables à ceux dont se servent les serruriers, et qui monte au hasard dans une maison ; il frappe à la porte, et si personne ne répond, il se met en exécution. Ce vol s'appelle à la flanc. Méfiez-vous des gens qui ne sont pas

de la maison et que vous voyez rôder
dans les escaliers, demandez-leur hardiment ce qu'ils veulent, ils vous de-
manderont un centre à la flanc, (un
nom au hasard), et se cavaleron[1], car le
pentre sera réchauffé; ils vous deman-
deront un nom au hasard, ils s'en
iront, car vous vous serez douté de
quelque chose.

ALLER AU FRICFRAC.

Ce genre de vol s'effectue dans le même genre que le rossignoleur à la flanc, à l'exception qu'après s'être assuré de l'absence des personnes, il sorte de dedans leur pantalon une pince en fer, et soulève votre porte ou la casse. Le voleur au fricfrac est reconnaissable, il n'a qu'une main à son service et marche raide, car la barre de fer dans son pantalon le gêne à marcher, et une de ses mains est occupée à la retenir.

TABLE.

—

FIN.

Moulins, imp. de P.-A. Desrosiers.